• 과학 교과서 관련 •

5학년 1학기
2. 빛의 성질

글 서지원

한양대학교를 졸업하고 《문학과 비평》에 소설로 등단해, 지식과 교양을 유쾌한 입담과 기발한 상상력으로 전하는 이야기꾼입니다. 지식 탐구 능력과 창의적인 문제 해결 능력을 스토리텔링으로 풀어낸 책 300여 종 중에서 중국, 대만, 일본 등에 수십 종의 책이 수출되었고, 서울시 올해의 책, 원주시 올해의 책, 문화체육관광부와 한국도서관협회가 뽑은 우수문학도서 등에 선정되었습니다. 초등 수학 교과서를 집필했고, 4학년 2학기 국어 교과서에 동화가 수록되었습니다. 현재 초등 교과서 집필진입니다. 쓴 책으로는
《빨간 내복의 초능력자 (시즌 1~2)》, 《마지막 수학전사 1~5》 등이 있습니다.

그림 이진아

'십만원영화제'의 포스터 디자인을 시작으로 여성영화제, 인디다큐페스티발, 인디애니페스트 등 다양한 문화제와 영화제의 포스터를 그렸습니다. 그 밖에도 프리랜서 일러스트레이터로 다양한 작업을 하고 있습니다.
그린 책으로는 《생각이 크는 인문학》 시리즈, 《그릉 그릉 그릉》, 《나쁜 고양이는 없다》, 《빨간 내복의 초능력자 (시즌 1~2)》, 《산이 부른다 1, 2》 등이 있습니다. 작가의 인스타를 방문하면 더 다양하고 재미있는 일상툰을 만날 수 있습니다.
www.instagram.com/altodito

감수 와이즈만 영재교육연구소

창의 영재수학과 창의 영재과학 교재 및 프로그램을 개발했습니다. 구성주의 이론에 입각한 교수학습 이론과 창의성 이론 및 선진 교육 이론 연구 등에도 전념하고 있습니다. 국내 최고의 사설 영재교육 기관인 와이즈만 영재교육에 교육 콘텐츠를 제공하고 교사 교육을 담당하고 있습니다.

빨간 내복의
코딱지히어로

빨간 내복의

코딱지히어로

❽ 일렁일렁 거울과 그림자

1판 1쇄 인쇄 2026년 2월 5일 | 1판 1쇄 발행 2026년 2월 27일

서지원 **글** | 이진아 **그림** | 와이즈만 영재교육연구소 **감수**

발행처 와이즈만 BOOKs | **발행인** 염만숙
출판사업본부장 김현정 | **편집** 김예지 이지웅 이시온
디자인 윤현이 | **마케팅** 강윤현 장하라 김희정

출판등록 1998년 7월 23일 제 1998-000170 | **제조국** 대한민국
주소 서울특별시 서초구 남부순환로 2219 나노빌딩 5층
전화 마케팅 02-2033-8987 | **편집** 02-2033-8983 | **팩스** 02-3474-1411
전자우편 books@askwhy.co.kr | **홈페이지** mindalive.co.kr | **사용 연령** 8세 이상

ISBN 979-11-24355-18-3 74400
979-11-90744-96-6 (세트)

• 와이즈만 BOOKs는 (주)창의와탐구의 출판 브랜드입니다.

초능력 과학동화

빨간 내복의 코딱지히어로

서지원 글 | 이진아 그림 | 와이즈만 영재교육연구소 감수

8 일렁일렁 거울과 그림자

과학을 맛있게 즐기는 방법, 호기심 가득한 눈으로 세상을 봐요!

과학을 무척 좋아하는 어린이 친구가 있었어요. 하지만 학년이 올라가면서 과학과 점점 멀어지게 되었어요. 그리고 한숨을 쉬며 말했어요.

"과학은 신기하고 재미있는 놀이인 줄 알았는데, 과학 수업 시간만 되면 뇌가 돌로 변하는 것 같아요. 어려운 과학 용어만 봐도 생각이 멈춰 버려요."

그렇다고 과학을 이대로 포기해야 할까요? 과학이 어렵게 느껴지는 건 본격적으로 과학 수업 내용에서 '암기'가 시작되는 순간부터일 거예요. 그렇다면 과학의 즐거움을 되찾을 방법은 없을까요?

과학 공부는 교과서로만 하는 게 아니에요. 우리 주변 어디에나 과학 원리가 녹아 있고, 과학 정보가 생생하게 살아 숨 쉬고 있지요. 과학과 친해지는 첫걸음은 우리 주변을 살펴보는 것에서 시작된답니다. 호기심 가득한 눈으로 세상을 바라보는 것이 바로 '관찰'이니까요. 하지만 관찰만으로는 우리의 호기심을 모두 채우지 못할 거예요. 그래서 경험이 필요하지요. 이렇게 세상을 경험하는 과정이 '실험'이랍니다. 관찰과 실험을 통해 과학적 사고력과 탐구력이 쑥쑥 자라게 될 거예요.

그리고 한 가지 더, 과학의 재미를 더해 줄 특별한 친구를 소개해 줄게요. 바로 '빨간 내복의 코딱지 히어로'랍니다.

코딱지 히어로 나유식은 실험과 관찰이 빠진 과학은, '팥이 없는 붕어빵'이라고 할 정도로 실험과 관찰을 좋아해요.

"과학은 암기가 아니야. 과학을 즐기려면 실험과 관찰을 해야 해."

빛은 한 방향으로 곧게 나아가요. 그러다 무언가에 가로막히면 그림자를 만들고, 거울을 만나면 반사된답니다. 그래서 빛을 잘 이용하면 그림자의 크기를 마음대로 바꾸거나, 빛을 원하는 방향으로 보낼 수도 있어요. 무궁무진한 빛의 활용법을 함께 만나 볼까요?

유식이와 함께 호기심 가득한 눈으로 세상을 바라보고 미스터리한 사건을 해결해 보세요. 그러는 동안 자연스레 과학의 원리까지도 깨닫게 될 거예요. 그럼 모두 초능력자가 될 준비가 되었나요? 이제 악당을 잡으러 출동해 볼까요?

서지원

등장인물

나 나유식은 어느 날 별똥별을 주우면서 초능력이 생겼다. 신기하게도 과학 지식을 하나씩 깨달아 갈 때마다 초능력은 늘어 갔다. 그때 난 결심했다. 초능력을 키워 지구를 구하는 슈퍼 히어로가 되겠다고 말이다. 물론 아직은 코딱지 히어로일 뿐이다. 고작 동네를 지키는 히어로는 시시하다고? 과연 그럴까? 기대해도 좋을걸? 기상천외한 모험과 스펙터클 액션이 펼쳐질 거란 말씀!

나유식

내 이름은 나유식, 별명은 너무식. 칭찬이라곤 받아 본 적 없는 말썽쟁이야. 하지만 내가 피운 말썽은 호기심 때문이라고. 난 호기심이 지독하게 많거든. 이건 비밀인데 사실 나는 아는 게 되게 많아. 단지 내가 알고 있는 게 교과서에 나오지 않아서 억울할 뿐이야.

빨간 내복의 코딱지 히어로

어느 날 하늘에서 떨어진 코딱지만 한 별똥별을 콧구멍 속에 넣은 후부터 초능력자가 되었어. 지금은 비록 우리 동네의 안전과 평화를 지키는 코딱지 히어로일 뿐이지만 언젠가 지구를 구하는 차세대 슈퍼 히어로가 될 몸이야. 사람들은 내 정체를 궁금해해. 너희도 궁금하다고? 나야 나, 나유식!

사이언스 패밀리

우리 가족은 과학으로 똘똘 뭉쳐 있어. 아빠는 발명가의 꿈을 키워 나가는 가전 제품 회사의 연구원이자 유튜버지. 엄마는 고등학교 과학 선생님이야. 그리고 이건 정말 신기한 일인데, 우리 누나는 전교 1등이야. 과학 영재라나 뭐라나.

공자

나와 제일 친한 친구야. 공자의 이름은 '공부를 잘하자'의 줄임말이래. 하지만 공자는 나만큼 공부를 못해. 공자에게서는 늘 좋은 냄새가 나. 바로 짜장면 냄새! 공자네 집은 중국집을 하거든. 공자네 짜장면은 세상에서 제일 맛있어.

송희주

희주는 웃는 얼굴이 예쁘고, 웃음소리가 재미있어. 그리고 똑똑해서 희주가 하는 말에는 늘 귀 기울이게 돼. 그래, 맞아. 나는 희주를 좋아해! 이건 제일 친한 친구 공자에게도 말하지 못한 비밀이야. 너희만 알고 있어야 해!

내 이름은 나유식, 별명은 너무식.

사실 말인데…… 난 초능력자다! 물론 처음부터 그런 건 아니다. 어느 날 밤, 우리 집 마당에 별똥별이 떨어졌는데 내가 그걸 콧구멍에 쑥 넣는 바람에 이렇게 됐다.

그날 이후 손가락에서 찌릿! 전기도 나오고, 자석 인간이 돼 찰싹 붙고, 눈만 굴리면 TV 채널도 휙휙 바꾼다. 바로 코딱지 히어로의 탄생이지!

하지만 내 초능력은 과학 지식을 알 때만 강해지고 잘못 알면 바로 꺼져 버린다. 그래서 과학을 공부하지 않을 수가 없다. 초능력을 지키기 위해서라도!

학교에 도착하자 어쩐 일인지 아이들이 모여 웅성웅성대고 있었다.

“진짜야. 유령을 봤대!”

“얼굴이 없었다잖아!”

“그림자가 제멋대로 움직였대!”

소름 끼치는 소문이 삽시간에 퍼지고 있었다.

귀신? 유령? 나는 그런 거 안 무섭다. ……무, 물론 가끔 깜짝 놀라긴 하지만.

집에 가는데 가로등이 갑자기 '지지직!' 하더니 툭 꺼졌어.
그 순간 시커먼 무언가가 내 앞을 지나갔다고!

몰래 볼일 보던 중이었는데, 새까만 그림자가 미끄러지듯
다가오더니 갑자기 쭈우우욱 늘어나지 뭐야!

길을 걷다가 문득 뒤를 돌아봤는데 내 그림자가 두 개인 거야!
그런데 하나가 혼자 움직이더니 벽 속으로 사라져 버렸어.
내가 유령을 본 걸까?

스르륵~

헉!

실화야!

심장 떨어지는 줄!

무서워!

괜히 들었다…

흐음~
유령이라…

희주가 단호하게 말했지만 아이들은 여전히 찜찜해하는 표정이었다.

"근데 말이야, 어젯밤에 어떤 사람이 인터넷에 글을 올렸거든? 유령이 무슨 유리를 내놓으라고 했다나?"

"엥? 유령이 유리를?"

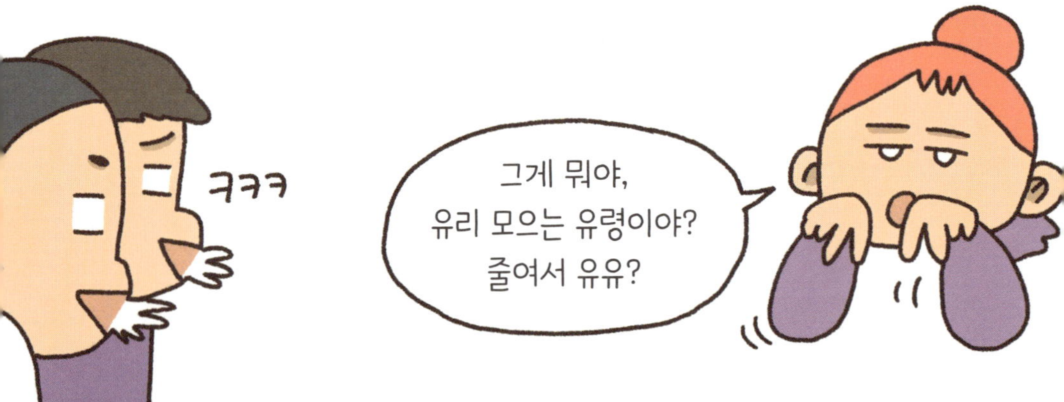

나는 눈을 가늘게 뜨고 생각했다.

뭔가 수상하다. 그림자처럼 나타나서 유리를 모으는 유령이라……. 친구들이 무서워하는데 코딱지 히어로가 가만있을 순 없지.

나는 그림자 유령의 정체를 밝히겠다고 주먹을 꼭 쥐며 다짐했다.

그때 반장 김치곤이 팔을 휘저으며 소리쳤다.

"애들아, 오늘 과학 수업은 스파이 미션이래! 선생님이 얼른 강당으로 오라고 하셨어!"

우르르 몰려간 아이들이 강당 문을 열자, 모두 입이 쩍 벌어졌다.

강당 안엔 빨간 레이저 줄이 거미줄처럼 복잡하게 얽혀 있었고, 여기저기 반짝이는 거울이 놓여 있었다.

아이들은 "와아아!" 하고 눈을 반짝이며 환호했다.

특히 희주는 과학적으로 아주 흥미로운 미션이라며 자신만만해했다.

우리 셋과 여러 친구들이 뭉쳐서 '요원 B팀'이 되었다.

작전명 '빛과 반사 작전'!

우리는 바로 작전 회의에 돌입했다.

"빛은 광원에서 나와서 아주 빠른 속도로 직진해. 그러니까 방향을 바꾸려면 꼭 반사 지점이 있어야 해. 빛이 거울에 닿으면 반사되니까, 각도 조절이 생명이라고 할 수 있지."

내가 고개를 갸웃거리자 치곤이가 잘난 척하듯 나섰다.

"그것도 모르냐? 손전등처럼 스스로 빛을 내는 물체를 '광원'이라 부른다고 선생님이 가르쳐 주셨잖아. 너 또 수업 시간에 잤지, 너무식?"

"좋아, 미션 시작한다! 셋, 둘, 하나…… 발사!"

공자가 손전등 스위치를 눌렀다. 노란 빛줄기가 강당을 가로질렀다.

팀원들은 거울을 들고서 정해진 위치로 재빠르게 움직였다. ……한 명만 빼고 말이다.

캬. 이 각도, 완전 셀럽 조명인데?
후후~오늘
컨디션 좋은데?

조명 하나 바꿨을 뿐인데 이렇게 멋져지다니…….
나란 남자, 어쩌면 좋아?
외모췍~
지금 거울 각도
맞추는 중이거든?
딴 데 비추지 마.

잠깐만, 조금만
더 볼래잉.
빨리 해야 된다니까!
이러다가 또 너무식 된다고!
왜 저래?

공자와 내가 투닥거리는 사이, 다른 팀에서 먼저 상자에 빛을 비추었다. 그러자 덜컥, 하고 상자가 열렸다.

상자 속에 들어 있던 건 여러 가지 과자와 학교 앞 분식점 쿠폰이었다.

희주가 고개를 돌려 흘겨보자 공자는 입을 삐죽이며 중얼거렸다.

"……잘생긴 게 죄냐."

나는 정색하며 말했다.

"응. 지금은 죄야."

밤산책러99
@nightwalker99

놀이터에 그림자 유령이 나타났어요!

처음엔 고양이인 줄 알았는데, 아니었어요.
금방 어둠 속으로 사라지긴 했지만, 진짜 무서웠다구요!
경찰 아저씨들, 제발 좀 봐 주세요!

오후 6:20 조회 4271회 16 191 406 10

고양이 아님 @notcat99
저도 봤어요! 그림자가 벽을 타고 기어다니는 모습!

진짜진짜사실임 @really__true
그거 제 친구가 말한 그림자 유령이랑 똑같아요!

히어로찐팬 @Herosrealfan
우리 마을에 히어로가 와 주세요!

게시판관리자 @manager1755
목격 사진은 확대해서 다시 올려 주시기 바랍니다. 장난 금지입니다.

그날 밤, 그림자 유령 이야기가 신경 쓰였던 나는 스마트 패드로 우리 마을 커뮤니티를 들락날락하고 있었다.

커뮤니티에는 그림자 유령을 봤다는 게시물이 여럿 올라와 있었다.

그때 한 게시물 제목이 눈에 확 들어왔다.

"뭐, 그림자 유령이 놀이터에?"

이 기회를 놓칠 순 없지! 곧바로 이불을 걷어차고 벌떡 일어나 빨간 내복으로 변신했다.

"좋았어. 오늘도 멋지다, 코딱지 히어로! 놀이터로 출동이다!"

하지만 막상 도착한 놀이터는 쥐 죽은 듯 조용했다.

그네도 멈춰 있고, 나뭇잎도 꼼짝 안 하고, 바람도 놀러 간 듯 잠잠했다.

'그림자 유령이 벌써 도망간 거야? 아니면 숨바꼭질이라도 하나?'

입이 절로 삐죽 나왔다.

"에이…… 괜히 빨간 내복을 꺼냈잖아."

나는 철문을 끼익 밀고 놀이터를 빠져나와 느릿느릿 집으로 향했다.

저, 저건!

본부! 본부! 수상한 인물 발견!
게시물에 올라온 사진과 매우 비슷하다!
현장에서 체포하겠다!
뭐? 잠깐! 체포?

거기 서!
아뿔싸, 경찰 아저씨들도 게시물을 보고 출동했었구나!
빨간 내복인 걸 들킬 순 없어!
휙—
큰일이다!
파팟—

삐뽀 삐뽀 삐뽀!

경찰차는 요란하게 사이렌을 울리더니, 부릉부릉 속도를 올리며 쫓아오기 시작했다.

나는 정신없이 달려서 후다닥! 담을 넘고, 휙휙! 지붕 위로 몸을 날려 도망쳤다.

그런데 담장 위에 있던 고양이를 피하려다가 쓰레기통이 있는 걸 못 보고 그만…….

가슴은 콩닥콩닥 뛰고, 땀은 주르륵 흘러 콧구멍 속의 초능력 별똥별마저 힘을 잃어갔다.

'이러다 정말 잡히겠어……. 코딱지 히어로는 이걸로 끝인가 봐.'

눈을 질끈 감은 그때, 콧속으로 아주 익숙한 냄새가 흘러들어 왔다.

바로 얼마 전 새로 생긴 달달 분식점! 애들 사이에선 떡볶이 국물이 감동이라는 말이 돌 정도로 소문난 그곳!

나는 후다닥 빨간 내복을 벗어 떡 상자 뒤에 숨기고, 아무 일 없다는 듯 의자에 툭 앉았다. 긴장한 탓에 심장이 벌렁댔다.

잠시 후, 딩동!

달달 분식점 문이 열리고, 경찰 두 명이 들어섰다.

경찰들이 떠나가고 문이 닫히자마자 나도 모르게 '후우' 하고 안도의 한숨이 내쉬어졌다.

그날 밤, 무사히 집으로 돌아왔지만, 결국 그림자 유령은 구경도 못한 채였다.

캄캄한 미로 끝에는 과자가 한가득!
거울의 반사각을 이용해서 미로를 탈출해 보세요.

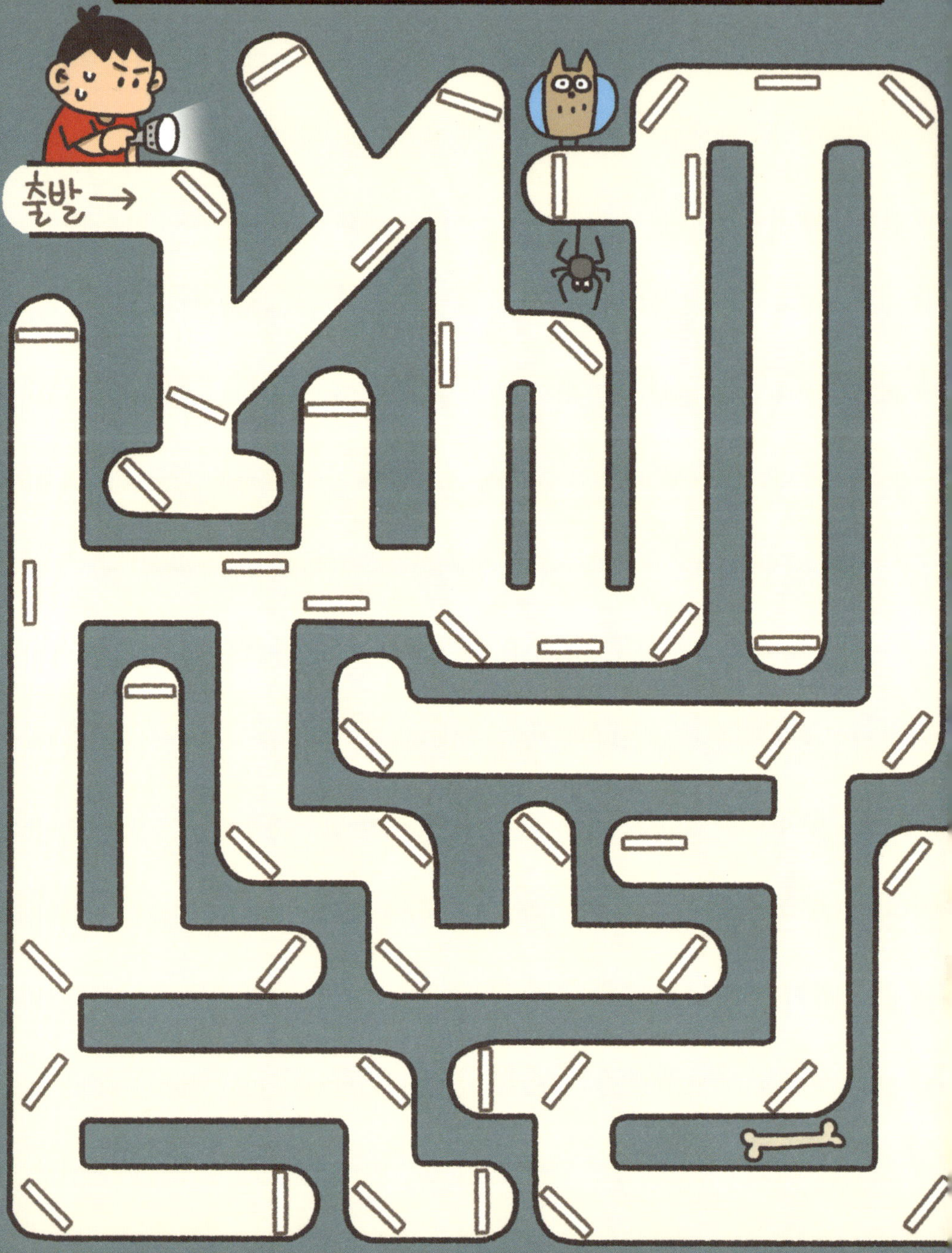

출발 →

와그작
와그작~
도착

"들었냐? 경찰이 빨간 내복 입은 사람을 찾고 있대."

공자가 오징어튀김을 씹으며 말을 꺼냈다.

"그림자 유령일지도 모른다던데? 수배 전단도 붙어 있댔어!"

간만에 모여 달달 분식점을 찾은 우리였지만, 나는 괜히 콧등을 긁으며 고개를 돌렸다.

"그래? 진짜 대단하네~."

아무 일도 아닌 척 콜라를 홀짝거리는 내 속에서는 심장이 두근거리며 쿵쾅거렸다.

그때, 사장님이 우리 쪽으로 슥, 하고 다가왔다.

"떡볶이 더 먹을래? 오늘 매운맛이 제대로 나왔거든."

접시에 떡볶이를 덜어 주던 사장님은 문득 뭔가가 생각났는지, 낮은 목소리로 말을 이었다.

"참, 너희 말이야, 오늘은 일찍 들어가는 게 좋겠다."

사장님은 잠시 뜸을 들인 뒤, 조심스레 입을 열었다.

"그 유령, 어쩌면 내 그림자일지도 몰라."

"사장님 그림자가 유령 행세를 한다고요?"

우리는 포크를 든 채 그대로 얼어붙었다.

"장난하시는 거죠? 그림자가 어떻게 맘대로 돌아다닐 수가 있겠어요?"

사장님은 한숨을 푹 내쉬며 말했다.

"그래, 안 믿을 줄 알았어. 그래서 누구한테도 말 못 했지. 그치만 이걸 보면 너희도 알게 될 거야."

사장님은 몇 발짝 주방 안쪽으로 걸어 들어가더니 손가락으로 발밑을 가리켰다.

글썽~
나만 없어
그림자…
말도 안 돼!
그림자가 없잖아?

당황한 희주가 중얼거렸다.

“어, 어떡하지. 경찰에다가 그림자를 찾아 달라고 할 수도 없고.”

사장님은 털썩 의자에 앉더니 고개를 푹 숙이고 한숨을 내쉬었다.

“후우, 너희가 생각해도 이상하지? 말도 안 되는 일이라 그런지 어떡해야 좋을지 모르겠어. 이유도 모르겠고.”

어쩌지. 우리 마을에서 장난감 가게를 운영하고 있는 우주인 박사님이 외계인이라는 사실은 나만 알고 있었다. 박사님의 비밀을 밝힐 수는 없는데……. 그렇다고 이대로 슬퍼하는 사장님을 못 본 척할 수도 없는 노릇이었다.

다음 날, 나는 또다시 희주, 공자랑 달달 분식점으로 향했다.

물론 떡볶이 때문만은 아니었다.

그림자가 사라졌다며 슬퍼하는 사장님이 자꾸 마음에 걸렸다.

사장님은 평소와 다름이 없어 보였지만, 사정을 알고 나니 언뜻언뜻 축 처진 모습이 눈에 들어왔다.

희주랑 공자는 어묵 꼬치를 떡볶이 국물에 샤워시킨다면서 폭 담갔다 뺐다 하느라 정신이 없었다.

나는 이 틈을 타 슬그머니 사장님 쪽으로 다가갔다.

"제발 부탁한다. 정말 내 그림자를 되찾고 싶어. 그 애가 진짜로 그림자 유령이 되어서 사람들을 해칠까 봐 걱정이야.

사장님은 사람들을 걱정하고 있었다. 나는 콧구멍을 벌름거리며 정의감을 활활 불태웠다.

'사장님, 그림자 유령의 정체를 밝히고, 그림자도 꼭 되찾아 드릴게요!'

나는 분식점에서 나오자마자 곧장 우주인 박사님의 장난감 가게로 달려갔다.

지하실 비밀 공간의 문을 열자, 으슬으슬한 기운이 먼저 날 반겼다.

그리고 그 안에는…… 우주인 박사님 대신 녹음 인형 하나가 나를 노려보듯 앉아 있었다. 인형을 누르자 소리가 흘러나왔다.

가슴을 쓸어내린 뒤, 다시 지하실로 돌아가 박사님 책상으로 다가갔다.

책상 위에는 귀엽게 생긴 동물 인형들과 동전만 한 인형 눈알들이 잔뜩 놓여 있었다.

"박사님이 인형을 만들다가 가신 건가?"

나는 투명한 유리 눈알을 들고 이리저리 살펴보았다. 반짝반짝, 꼭 보석 같지만 아무리 봐도 그냥 장난감 눈알이었다.

마을엔 어김없이 밤이 찾아왔다. 빨간 내복을 입은 나는 경찰차라도 나타날까 봐 몰래몰래 발걸음을 옮겼다.

걱정되지 않는 건 아니었지만, 그래도 누명을 벗으려면 이 밤을 그냥 넘길 수 없었다.

나는 달달 분식점 근처를 천천히 맴돌았다.

분식점 사장님의 그림자가 사라졌다고 했으니까, 어쩌면 그 그림자가 다시 분식점으로 돌아올지도 모른다.

가게 불은 꺼졌고, 사장님도 집으로 돌아간 모양이었다.

아무 일 없겠지 싶어 돌아서려던 순간, 이상한 일이 벌어졌다.

스스슥~
흐느적~
당실~
그림자가… 미쳤어!!
착-
슥~
슉-

어디서 나는 건지 알 수조차 없는 목소리가 속삭였다.

순간, 등이 싸늘해지고, 무릎이 덜컥 꺾일 뻔했다. 입은 말라붙고, 심장은 북을 치듯 두근두근 소리를 냈다.

이건 히어로 놀이가 아니다. 진짜 무서운 일이 벌어지고 있다!

나는 간신히 입을 달싹이며 물었다.

"……분식점 사장님의 그림자세요?"

그림자는 대답 대신, 잔인하게 비웃었다.

"크흐흐, 세눈박이 외계인이 가지고 있지. 빛을 저장하는 유리……. 가져와."

마지막 말을 남긴 채 그림자도 휙 사라졌다. 눈 깜짝할 새였다.

그 자리에 나만 남았다. 덜덜 떨리는 다리, 흠뻑 젖은 손바닥, 멍해진 눈. 그리고 골목 저편의 까만 어둠. 그 어둠이 지금도 나를 바라보고 있는 것만 같았다.

그날 밤, 나는 처음으로 알았다.

히어로도 무서워할 때가 있단 걸.

어젯밤 일로 넋이 나가 있는 내게 희주가 다가왔다.

"뭐 하고 있었어! 우리 학예회 연극 연습하러 가야지!"

이런, 요즘 신경 쓰이는 일이 많아서 완전히 까먹고 있었다. 우리 반에서 학예회에 연극 〈피터 팬과 도망친 그림자〉를 선보이기로 했는데!

하지만 희주에게 끌려가는 중에도 나는 그림자 유령이 내 그림자를 데려간 건 아닌지 확인하고 또 확인했다.

집으로 돌아가는 길, 나는 우주인 박사님의 장난감 가게 앞에 멈춰 섰다.

'대체 언제 돌아오시는 거야? 그림자 유령은 왜 빛을 저장하는 유리를 찾는 거지?'

생각은 꼬리에 꼬리를 물었고, 머릿속은 점점 복잡해졌다.

"박사님, 제발요. 어디 계세요? 그 유리가 대체 뭔지 알려 주셔야 해요!"

입안은 바짝 마르고, 마음은 깜깜했다.

그림자 유령은 지금도 어딘가 어둠 속에서 나를 노리는 것만 같았다.

그림자들 속에서 진짜 코딱지 히어로의 그림자를 찾아보세요.

(◀왼쪽 그림 참고)

띠링.

집에서 코딱지처럼 생긴 별똥별을 콧구멍에서 꺼내 열심히 닦고 있는데, 스마트 패드에 알림이 떴다.

"응? 우리 마을 너튜브 채널이잖아?"

확인해 보니 '경찰이 올린 CCTV 영상'이 올라와 있었다.

"어…… 어엉?"

별똥별을 들고 있던 내 손이 덜덜 떨렸다.

화면을 정지했다가 뒤로 가서, 확대하고, 또다시 돌려 보았다.

"이게 뭐야? 이거, 이거 완전히 나잖아?"

걸음걸이, 손 휘두르는 버릇, 엉덩이까지 딱, 내 모습.

하지만 나는 그날 그곳에 간 적이 없다. 절대로!

나는 덜덜 떨며 패드를 내려놓았다. 생각할수록 이상했다. 누군가 아주 교묘한 작전으로, 내게 누명을 덮어씌우고 있다는 느낌이 들었다.

충격! 그림자 유령의 정체 밝혀지나?

달달TV
구독자 11만명

조회수 12,521회 6분 전
#그림자유령 #한밤중의질주

댓글 12개 정렬기준

댓글 추가...

@달빛_캣맘77 4분전
빨간 내복 입고 다닐 때부터 수상했다니까.
11 답글
답글 2개

@우주찌개 3분전
그림자 유령의 정체가 빨간 내복이었다고?!
15 답글

@빙구반장 1분전
누가 봐도 빨간 내복 맞네. 실루엣이 딱이잖아!
4 답글

혹시 누가 알아볼까 봐, 커다란 후드를 푹 눌러쓰고 달달 분식점으로 향했다. 마음은 뒤엉킨 털실 뭉치처럼 복잡했고, 가슴은 콱 막힌 것처럼 답답했다.

분식점 문을 열자, 익숙한 튀김 냄새가 퍼졌다. 사장님이 어묵 국물을 휘젓고 있었다. 나는 조심스럽게 다가가 입을 열었다.

"어, 어서 와라. 그런데 얼굴이 왜 이렇게 어두워? 무슨 일 있었어?"

"그…… 사장님 그림자요. 아직 안 돌아왔어요?"

사장님은 멈추었던 국자를 다시 휘저으며 말했다.

"응. 아직이야. 그렇잖아도 그림자 유령 얘기가 계속 나오다 보니 걱정이 이만저만이 아니네."

"그림자 유령이 나타난 곳마다 빨간 내복도 보인다고 하던데……. 지금 빨간 내복, 경찰한테 쫓기고 있는 거지? 나도 그 CCTV 영상 봤어."

나는 고개를 끄덕였다.

"그런 것 같아요."

사장님은 다시 말을 이었다.

"내 생각엔 빨간 내복이 그림자 유령일 리가 없어. 괜히 누명을 쓴 거지. 외계인에게 빨리 연락이 닿아야 누명을 벗겨 줄 수 있을 텐데 말이야. 그렇지 않아?"

목소리는 낮았지만 단호했다. 그 말에 이상하게 등골이 싸늘해졌다.

하지만 그림자 유령 일에 정신이 팔린 탓이었을까? 진짜 무서운 일이 기다리고 있다는 걸 나는 까맣게 잊고 있었다.

"유식아, 오늘 치과 예약한 날이야."

"네? 안 갈래요! 난 이쑤시개만 있으면 된다니까요!"

히어로에게도 치과는 너무 무섭다고! 하지만 아무리 떼를 써 봐야 소용없었다.

진료실에 가자 의사 선생님은 작은 거울로 내 이를 구석구석 살폈다. 저 쪼그만 거울 하나로 커다란 입안을 다 볼 수 있다니, 정말 신기하단 말이야.

진료가 끝나자 엄마는 나를 차에 태웠다.

"유식아, 의사 선생님이 뭐래?"

"어…… 썩은 이 없대요……."

엄마 눈을 피해 창밖을 바라보던 그때, 옆 골목에서 갑자기 오토바이가 확 튀어나왔다.

"헉, 위험해!"

하지만 놀란 나와 달리, 엄마는 침착하게 핸들을 틀었다.

"괜찮아. 아까부터 보고 있었거든. 저걸로."

엄마가 가리킨 곳을 보니, 길목에 커다랗고 둥근 거울이 반짝이고 있었다. 저런 골목길까지 생생하게 비추다니, 거울은 역시 대단해. 아까 치과에서도 그렇고, 진짜 거울이 다 하는 세상이야.

거울을 살짝만 돌려 봐도
비치는 게 달라지지?
그걸 이용하면 눈으로 직접
보기 어려운 곳도 볼 수 있어.

◀ 기사가 고개를 돌리지 않고도 승객을 확인할 수 있게 해 주는 버스 백미러

◀ 정면에서 보기 어려운 길을 비추어 사고를 예방하는 도로 반사경

◀ 글자가 뒤집혀 있는
원래의 구급차

글자가 바르게 보이는 ▶
거울에 비친 구급차

그 말을 듣자마자 내 머릿속에서 불꽃놀이가 팡팡 터졌다.

'온다, 초능력이! 이번엔 거울의 초능력이다!'

나는 마음속으로 중얼거렸다.

'보이지 않는 것도 보이게 해 주는 거울이라……. 잠깐, CCTV도 사람이 미처 보지 못한 걸 보여 주잖아? 혹시 거울이랑 CCTV랑 뭔가 관계가 있는 거 아냐?'

그 순간, 머릿속을 번개처럼 스쳐 지나가는 생각 하나!

'그래, 이건 과학으로 해결이 가능한 사건이었어!'

나는 스마트 패드를 꺼냈다.

"경찰이 올린 CCTV 영상, 다시 한번 봐야겠어."

영상 속에서 빨간 내복을 입은 내가 어둠 속 골목을 스르륵 걸어가고 있었다.

그런데 뭔가 이상했다.

나는 영상을 확대해 뚫어지게 관찰했다.

"헉, 뒤에 보이는 건물도 이상해. 좌우가 완전히 반대잖아!"

자세히 보니 골목 곳곳에 뭔가 반짝이는 게 보였다.

"거울이다! 하나, 둘, 셋, 넷……. 거울이 몇 개나 있는 거야?"

나는 소리쳤다.

"이건 진짜 내가 아니야! 영상 속 빨간 내복은, 여러 개의 거울을 거쳐 반사된 내 모습이었어! 범인이 거울을 이용해서 사람들을 속인 거야!"

나는 손에 들고 있던 스마트 패드를 부들부들 떨면서 꼭 쥐었다.

달달게시판 >

빨간 내복이 그림자 유령이다? 진실을 밝힙니다!

내복지킴이

2025.11.07 03:22 조회 243

URL 복사

CCTV

실제모습

CCTV

실제모습

여러분, 빨간 내복이 그림자 유령이라는 이야기는 사실이 아닙니다.
사진에서 보실 수 있듯, 영상 속에 나온 모든 것들의 좌우가 뒤집혀 있어요.
게다가 저 CCTV가 원래 비추는 곳은 이 길이 아닌, 다른 길이죠!
누군가 거울을 이용해서 CCTV를 속인 것 같아요.

#그림자유령 #빨간내복 #진실은밝혀진다

▼문제의 영상▼

http://daldaltv/jojakduenyoungsang/101575&cctv

내복지킴이 님의 게시글 더보기>

좋아요 130 댓글 88

공유 | 신고

설정

등록순 | 최신순

관심글 댓글 알림

달빛_캣맘77

역시 내 촉이 틀리지 않았어. 빨간 내복은 무죄였던 거야.
경찰은 거울도 구분 못 해? 이게 말이 돼?

좋아요 65 답글쓰기

우주찌개

난 빨간 내복 처음 봤을 때부터 감이 왔어.
나도 오늘부터 빨간 내복 입는다. XL 사이즈만 있으면.

좋아요 44 답글쓰기

빙구반장

혹시…… 빨간 내복은 그림자 유령이 아니라,
오히려 유령을 쫓는 히어로 아닐까?

좋아요 21 답글쓰기

치킨은_첨단치킨

그럼 그림자 유령은 대체 정체가 뭐냐고!

좋아요 13 답글쓰기

피터 팬과 후크 선장이 맞붙었어요.
다른 그림 열 군데를 찾아보세요.

나는 책상에 턱을 괴고, 후우, 깊은 한숨을 내쉬었다.

"이것만으론 부족해. 그림자 유령을 잡으려면 대체 어떻게 해야 하지?"

어젯밤 마을 커뮤니티에 올린 '거울 반사' 증거는 생각보다 반응이 컸다. 댓글도 줄줄이 달리고, 빨간 내복을 의심하던 사람들도 슬슬 말을 바꾸는 눈치였다.

하지만 그림자 유령은 아직도 멀쩡히 돌아다니고 있고, 난 여전히 누명 쓴 용의자 1순위였다.

억울함을 완전히 풀려면 하루라도 빨리 그림자 유령을 붙잡아야만 했다.

다음 날, 학교에 갔지만 머릿속은 온통 그림자 유령 생각뿐. 그래도 수업이 끝나고 그림자 연극 연습 시간이 되자, 마음이 조금 풀렸다.

희주, 공자, 그리고 나는 강당 무대에 모였다.

오늘은 학예회를 위해 준비한 연극의 하이라이트, '피터 팬과 후크 선장의 대결'의 리허설 날이었다.

앗!

두둥!

대박! 어떻게 한 거지?

우와~

와

광원, 그러니까 손전등이랑 스크린은 그대로 두고,
인형을 광원 쪽으로 가까이 가져가면 그림자가 커져.
반대로 인형을 스크린 가까이에 가져가면 그림자가 작아지지.

한 번에 여러 그림자의 크기를 바꿀 땐, 광원 자체를 움직여 봐.
손전등을 인형 쪽으로 가까이 하면 그림자가 전부 커지고,
멀리 하면 전부 작아지거든.

내 머릿속에서 펑! 펑! 펑!

불꽃놀이처럼 번쩍이는 깨달음이 터져 나왔다.

"바로 그거였어! 빛도 조종하고, 그림자도 조종하고……. 이게 바로 그림자 유령의 비밀이야!"

나는 눈을 반짝이며 중얼거렸다.

'그림자 유령은 유령이 아니었어. 광원을 이용해 그림자의 위치랑 크기를 마음대로 조절했던 거야!'

"너무식. 너답지 않게 왜 이렇게 열심이야?"

"혹시 너 그림자 유령한테 빙의된 거 아냐?"

공자가 눈을 가늘게 뜨며 물었고, 희주도 눈썹을 찌푸렸다.

"아, 아니거든! 그냥…… 느낌이 와서 그렇거든."

나는 어깨를 으쓱했지만, 기쁜 마음을 감출 수 없었다.

하지만 기쁨도 잠시였을 뿐. 그날 저녁, 감추려던 사실을 엄마에게 딱 걸리고 말았다.

"유식아, 입 좀 벌려 봐."

입을 벌리면 모든 게 끝이라는 걸 난 직감했다.

하지만 이미 엄마의 강력한 손가락은 치과용 집게처럼 내 턱을 잡았고, 내 입은 자동문처럼 벌어졌다.

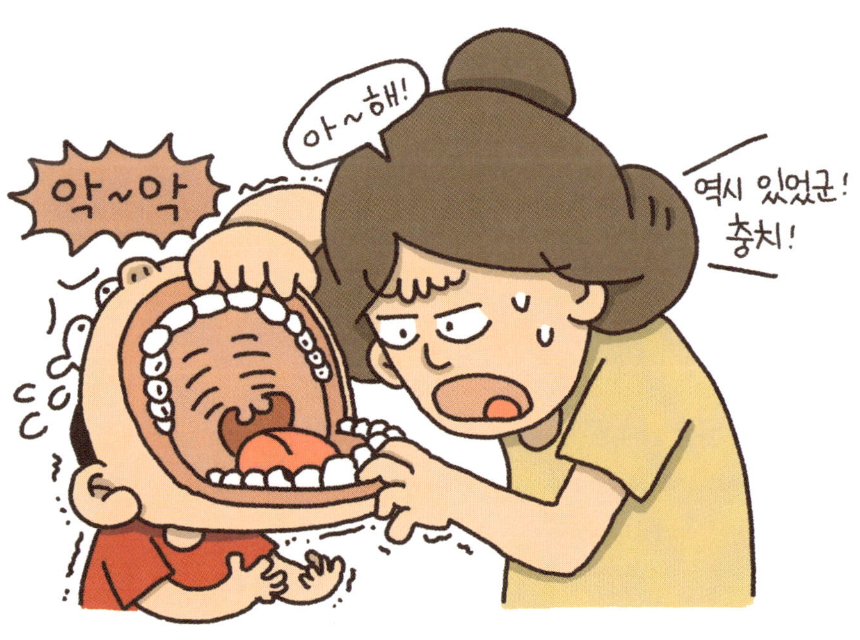

나는 입을 꾹 다물며 슬그머니 도망쳤지만, 히어로도 엄마를 이길 수는 없다.

정신을 차려 보니 나는 이미 치과 의자에 앉은 채였다.

"선생님, 잠깐만요! 전등 불빛 때문에 그림자가 생겨서 제 입에 구멍이라도 내시면 어떡해요?"

나는 두 눈을 이리저리 굴리며 방어막을 쳐 봤다.

의사 선생님은 싱긋 웃으며 말했다.

"걱정 마세요. 이건 무영등이니까요."

이건 충치가 맞네요!
자, 입 크게 벌리세요, 아!

키이이잉~

으어어~

칙~

윙~

으아아! 히어로 살려!

고통스러운 치료가 끝나고, 후들거리는 다리를 붙잡은 채 병원을 빠져 나왔다. 아무리 생각해도 그림자 유령보다 치과가 훨씬 무섭다.

그치만 그 덕분에 알게 된 사실이 있었다. 바로 그림자가 안 생기는 전등이 있다는 것!

'그래, 이제 알겠어. 그림자 유령의 정체를!'

이제 그림자 유령을 불러내서 확인할 차렌데, 불러낼 방법이 마땅치 않았다. 그러고 보니 그림자 유령이 노리는 건 빛을 저장하는 유리였지? 그게 뭔지는 모르겠지만 신기한 유리라면 본 적이 있었다.

나는 엄마가 장을 보러 간 사이 우주인 박사님의 가게로 찾아갔다. 가게 지하실 문을 열자, 그곳엔 한가득 쌓인 동물 인형과 그 앞에 어수선하게 놓인 유리 눈알들이 있었다.

이튿날, 나는 떡볶이를 핑계 삼아 희주와 공자를 데리고 달달 분식점으로 향했다.

"오늘은 어묵 사리까지 내가 쏜다!"

"나유식, 이게 웬일이야!"

"잘 먹겠습니다, 너무식, 아니 나유식 님!"

희주와 공자가 떡볶이를 정신없이 흡입하는 사이, 나는 물을 가져오는 척 슬쩍 주방 쪽으로 갔다.

“헉, 어떤 소식이니? 어서 말해 주렴.”

“네. 그 둘이 오늘 밤 학교 강당에서 그림자 유령을 잡겠다더라구요. 듣기로는 무슨 유리 같은 걸 들고 온다고 했던 것 같아요.”

사장님은 짐짓 놀란 표정을 짓더니 말을 이었다.

“아, 드디어……. 고맙다, 유식아. 정말 고마워. 학교 강당에 있었구나. 이번에 다시 만나면 절대 못 도망치게 강력 접착제로 딱 붙여 놓을 거다.”

아저씨는 눈가를 닦으며 뜻밖의 질문을 했다.

“근데, 빨간 내복은 외계인이랑 어떻게 아는 사이래?”

“저도 SNS에서 본 거라 정확히는 잘…….”

나는 말끝을 흐리며 얼버무렸다.

그날 밤, 나는 빨간 내복으로 변신한 채 학교 강당 무대 아래에 숨어 있었다.

무대 위에는 며칠 뒤 공연할 〈피터 팬과 도망친 그림자〉 연극 세트가 그대로 덩그러니 놓여 있었다.

조명이 꺼진 강당은 믿기지 않을 만큼 조용하고 깜깜했다.

'내가 아무리 히어로라도, 이건 좀 무섭다.'

창밖에서 바람에 나뭇가지라도 한번 스치는 소리가 나면, 내 심장도 덩달아 쿵쿵 뛰었다.

그래도 참았다. 히어로는 절대 겁내면 안 되니까!

끼이익, 누군가 강당 문을 조심스럽게 밀고 들어왔다.

그 누군가는 발소리조차 내지 않은 채, 유령처럼 바닥 위를 미끄러지듯 스르르 다가오고 있었다.

머리부터 발끝까지 새까만 모습! 달빛도 그 악당만은 피해 가는 듯했다. 정말로 '그림자' 그 자체였다.

"지금이야!"

나는 전광석화처럼 조명 스위치를 눌렀다!

그러나 당황도 잠시, 그림자 유령은 금세 가소롭다는 듯이 코웃음을 쳤다.

"후후훗, 함정을 파놨군. 내가 겨우 이런 함정에 빠질 거라 생각했나?"

그리고 그 순간, 놀라운 일이 벌어졌다.

그림자가 갑자기 기묘하게 움직이기 시작한 것이다.

처음엔 하나였던 그림자가 둘로, 둘이 셋으로, 셋이 다섯으로…… 여러 개로 쫙 퍼져 나갔다.

어느 건 쭉 늘어나고, 어느 건 푹 줄어들더니, 벽으로, 천장으로, 바닥으로 우르르 쏟아지듯 마구 움직였다.

이얍

그림자 유령이 소리쳤다.

"외계인이냐, 빨간 내복이냐? 어서 나오시지!"

그 말이 떨어지자마자, 나는 빨간 내복을 펄럭이며 무대 뒤에서 당당하게 걸어 나왔다.

"당신은 진짜 그림자가 아니죠! 머리부터 발끝까지 쫄쫄이 옷을 뒤집어쓰고 그림자처럼 보이게 한 거잖아요!"

나는 그림자 유령의 손에 들린 휴대용 조명을 가리키며 말했다.

"바로 그 조명으로 그림자를 움직여서 유령 행세를 한 거죠!"

그림자 유령은 이를 꽉 깨물었다.

“칫, 잘도 눈치챘군 그래. 뭐, 아무래도 좋아. 빛을 저장하는 유리만 빼어가면 그만이니까.”

나는 눈썹을 살짝 올리며 입꼬리를 씩 올렸다.

“이거 말이에요?”

인형 눈알을 꺼내 흔들자, 그림자 유령은 군침을 꿀꺽 삼키며 손을 쭉 뻗었다. 나는 잽싸게 뒤로 물러섰다.

“대신 당신도 이제 정체를 밝혀야죠. 떡볶이의 달인!”

그러자 그림자 유령은 킥킥거리며 검은 복면을 천천히 벗었다.

"후후후, 어떻게 알았지?"

"사장님은 분식점에선 무영등으로 그림자를 지우고, 아이들 앞에서는 착한 사람인 척했어요. 하지만 어둠이 내리면, 그림자 흉내를 내며 사람들을 위협했죠! 뭐 때문에 이 유리를 찾는지는 모르겠지만, 정체와 수법을 들킨 이상, 이제 사장님이 할 수 있는 건 없어요!"

"크크크. 역시 소문대로군, 빨간 내복. 정의감 넘치는 꼬마 히어로. 그래, 내 정체를 알려 주지. 나는 외계인을 사냥하는 어둠의 조직, 스핑크스의 17호 요원. 암호명 다크쉐도우."

"스핑크스라니? 그 악당 집단!"

"그래, 우린 지구에 존재하지 않는 외계 기술을 찾아다니지. 예를 들면…… 바로 그 빛을 저장하는 유리! 이리 내놔, 당장!"

다크쉐도우는 위협적으로 내게 달려들었다. 나는 곧바로 두 팔을 벌리며, 콧구멍 속 별똥별 코딱지 초능력을 일으켰다.

와글~
거울아, 거울아.
누가 세상에서 제일
가는 히어로지?
으아아!
뭐가 진짜야?
ㅋㅋㅋ

키키키
코딱지 분신술!
하~풍
나 잡아 봐라~
와글~
와~
나 오늘
멋있어!
쿡쿡~

쓰러진 다크쉐도우가 신음하며 물었다.

"으윽……. 대체 어떻게 한 거냐."

"CCTV 영상, 당신이 거울로 조작한 거죠? 저도 거울 초능력으로 똑같이 돌려줬을 뿐이에요. 거울을 마주 보게 세우면 하나의 물체가 여러 개로 복제돼 보이거든요. 당신만 거울에 대해 아는 게 아니란 말씀이죠!"

저런…

나는 다크쉐도우가 절대 빠져나갈 수 없도록 무대 기둥에 꽁꽁 묶었다.

그러고는 주머니에서 스마트폰을 꺼내 경찰 번호를 눌렀다.

"여기는 학교 강당입니다. 그림자처럼 변장하고 사람들을 위협하던 범인을 완벽하게 체포했어요!"

삐뽀삐뽀—! 경찰차 여러 대가 학교 앞으로 몰려왔고, 붉고 푸른 불빛과 사이렌 소리가 마을을 깨웠다.

'사장님, 아니 다크쉐도우! 넌 이제 끝이야!'

나는 무대 뒤에서 숨을 죽이며 경찰을 기다렸다.

그런데…… 어라? 어? 어어!

갑자기 크고 작은 수십 대의 드론이 창문을 깨고 벌떼처럼 강당 안으로 슝슝 날아들었다.

나는 다시 다크쉐도우를 붙잡으려 했지만 드론들이 붕붕거리며 방해하는 통에 다가갈 수가 없었다. 다크쉐도우는 드론이 내려 준 사다리를 잡고 유유히 어둠 속으로 사라져 버렸다.

허무하게 사건이 끝나 버린 후, 다크쉐도우를 놓친 나는 혼자서 터벅터벅 집을 향해 걸었다.

그때, 누군가 내 어깨를 툭툭 두드렸다.

"우주인 박사님!"

나는 눈을 번쩍 뜨며 외쳤다.

"언제 오셨어요! 별의별 일이 다 있었다구요!"

박사님은 언제나처럼 태평한 표정으로 말했다.

"1초 전에 왔지. 어떻게 지구는 가는 데마다 물맛이 다르냐?"

박사님은 인형 눈알을 톡톡 두드리며 말했다.

"이 인형 눈알은 '광자 저장 장치'야. 외계 과학 기술의 결정체지. 스핑크스가 찾고 있었다는 빛을 저장하는 유리가 이거였던 모양이구나."

나는 두 눈을 동그랗게 뜨며 손바닥 위 눈알을 뚫어져라 쳐다봤다.

"이 조그만 게요?"

“지구인들은 USB나 하드 디스크 같은 전자 저장 장치를 쓰지. 하지만 우리는 빛 알갱이, 즉 광자를 이용해서 정보를 저장해. 광자로 저장하면 훨씬 빠르게, 더 많은 정보를 담을 수 있거든.”

나는 감탄을 터뜨렸다.

“아직 지구에는 없는, 우리 행성만의 특별한 기술이지. 그러니 스핑크스가 그걸 노린 것도 당연해. 이럴까 봐 일부러 인형 눈으로 속이고 숨겨 둔 거였단다.”

박사님은 씨익 웃으며 말했다.

“광자 저장 장치 얘기가 어디서 새 나간 건지 원. 보안에 좀 더 신경을 써야겠어. 아무튼 내가 없는 동안 고생이 많았구나, 유식아.”

나는 고개를 끄덕이며 하늘을 올려다보았다. 스핑크스 요원이 직접 나타났다는 건, 스핑크스가 본격적으로 위험을 몰고 올 신호인지도 모른다. 앞으로 또 스핑크스 조직이 온다고 해도 난 우리 마을을 꼭 지켜낼 것이다! 나는 정의의 히어로니까!

거울의 방에서 진짜
유식이를 찾아보세요.
(◀왼쪽 그림 참고)

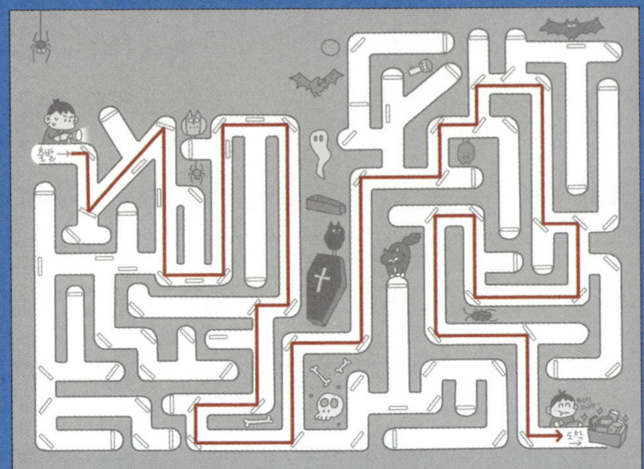

28쪽

46쪽